NATIONAL
GEOGRAPHIC

Peldaños

T0288427

CUEVAS
INCREÍBLES

El mundo de

De pie en la entrada del túnel pude ver delante de mí una oscuridad tan absolutamente negra que parecía un sólido.

–JIM WHITE, ANTIGUO EXLORADOR, CAVERNAS DE CARLSBAD

las cuevas

por Judy Elgin Jensen

CAVERNAS DE CARLSBAD

Sin embargo, cuando el túnel está iluminado, se pueden ver increíbles formaciones, como estalactitas y estalagmitas. Imagina que eres Jim White, de 16 años. Llevas una linterna pequeña. La linterna emite una luz tenue, pero parece brillante en el túnel oscuro. Ves las formaciones y sientes como si estuvieras en un mundo extraño. Así es como Jim White pudo haberse sentido en 1898.

Dato increíble sobre la cueva

Al menos 117 cuevas constituyen las Cavernas de Carlsbad en Nuevo México. Las luces eléctricas hacen que brillen las exposiciones. Más de 400,000 personas las ven cada año.

CUEVA DE NERJA

Dentro de la Cueva de Nerja, en España, está la columna de cueva más alta del mundo. Es tan alta como un edificio de diez pisos. Se formó a partir de partículas de rocas que se **disuelven**.

Las cuevas como Nerja y las Cavernas de Carlsbad se forman en todo el mundo. Generalmente se forman en piedra caliza. ¿Cómo? El agua se convierte en un ácido débil cuando reacciona con el dióxido de carbono del aire y del suelo. Cuando el agua ácida penetra la piedra caliza, la piedra caliza se disuelve. Esto produce una **solución** o tipo de mezcla. La solución de agua y piedra caliza se desplaza a través del suelo. Con el tiempo, la solución en movimiento labra espacios huecos o cuevas de solución.

Gotitas de agua caen del techo al piso. Llevan material de la piedra caliza. El agua se evapora, pero el material forma un grumo diminuto en el piso de la cueva. Con el tiempo, muchísimos grumos se apilan y forman una estalagmita. Una estalactita es otra formación. Una estalactita se forma cuando una gota de agua se seca antes de que caiga del techo. Con el tiempo, las estalagmitas y las estalactitas se pueden unir para formar columnas.

Dato increíble sobre la cueva

En un festival cada junio, músicos y bailarines actúan dentro de la cueva. Cientos de personas observan.

CUEVA DE KAZUMURA

La Cueva de Kazumura en la isla de Hawái es un tubo. Mide 68 kilómetros (42 millas) de largo. ¿Cómo se formó esta cueva? Un río de lava ardiente fluyó desde un volcán. La superficie de la lava se enfrió y se convirtió en un sólido, pero adentro, la lava todavía era un líquido caliente. Continuó fluyendo. Finalmente, la lava dejó de fluir y quedó un largo tubo de aire. Este era un tubo de lava. Esta es otra manera en la que el tubo de lava se pudo haber formado. El río de lava fluyó del volcán. La lava a los costados se enfrió y se convirtió en un sólido. Más lava se enfrió, y se acumuló tanta que formó un techo.

Se entra a un tubo de lava a través de su extremo abierto o a través de un agujero en el techo. Adentro, se pueden ver estalactitas, estalagmitas y otras formaciones. Esto se debe a que la lava caliente mueve materiales como lo hace el agua en las cuevas de solución.

Dato increíble sobre la cueva

Raíces de plantas que crecen sobre el suelo crecen a través de la lava. Brindan alimento a las criaturas que están debajo.

GLACIAR LANGJOKULL

Muchos viajeros que van a Islandia caminan a través del glaciar Langjokull. Los aventureros, sin embargo, trepan a agujeros dentro del glaciar. El hielo se ve azul por dentro. ¿Por qué? Por la manera en la que la luz solar pasa a través de ellos.

Las cuevas de glaciares se forman cuando el agua líquida entra a una grieta profunda en el hielo. El agua líquida es más caliente que el agua sólida y derrite el hielo. Con el tiempo, la grieta se hace más grande a medida que el agua fluye a través de ella. El agua líquida puede provenir del hielo que se derrite durante el verano. En Islandia, sin embargo, el agua líquida puede provenir de fuentes termales.

Al contrario de las cuevas de solución y los tubos de lava, las cuevas de glaciares cambian rápidamente. Cambian con las estaciones. Los glaciares también se derriten porque la Tierra se está calentando. Esto puede hacer que muchas cuevas de glaciares desaparezcan.

Dato increíble sobre la cueva
La cueva de glaciar de la foto colapsó hace años.

Compruébalo Piensa en cómo se forman las cuevas de solución, las cuevas de lava y las cuevas de glaciar. ¿Qué proceso tienen en común?

Las pozas azules de las Bahamas

por Barbara Keeler

"Por el esfuerzo, este es el deporte más peligroso de la Tierra".

EL DIFUNTO BUCEADOR DE LAS POZAS AZULES Y FOTÓGRAFO WES. C. SKILES

La poza azul de Dean está en Long Island, Bahamas. Es la más profunda del mundo. Tiene una profundidad de 203 metros (663 pies).

¡Toma un rápido vuelo desde Miami a la emoción de tu vida! ¡Visita las paradisíacas islas Bahamas! Ponte tu equipo de buceo. ¡Luego sumérgete en las pozas azules! Son como ventanas subacuáticas al pasado.

Descubrirás estalactitas, estalagmitas y columnas. Nadarás a través de bacterias anaranjadas brillantes, gas venenoso y remolinos. Verás camarones transparentes y esqueletos de animales de hace mucho tiempo. Descubramos por qué estos agujeros son peligrosos y hermosos.

Formación

La historia comienza hace cientos de miles de años. La Tierra era muy fría y gran parte del agua del océano se congeló. En el océano quedó menos agua líquida. Esto hizo que los niveles del mar bajaran, por lo tanto, una enorme área de piedra caliza ahora estaba sobre el agua. La lluvia **ácida** penetraba la piedra caliza. Parte de la piedra caliza se **disolvió** y el agua labró cuevas en la roca. Cuando la temperatura se elevó, el hielo se derritió. Esto hizo que los niveles del mar se elevaran. Con el tiempo, los niveles del mar se elevaron tanto que el agua inundó las cuevas.

Sala Cascada, Cueva de Dan,
isla Ábaco, Bahamas

Hay muchas pozas azules en las Bahamas. En alta mar, se conectan con el océano. En tierra, hay pozas azules que están separadas del océano y sus mareas. El medio ambiente de cada poza azul en tierra es diferente del de cualquier otra poza azul en tierra.

Capas

Sawmill Sink es una poza azul en tierra. Muestra cómo el agua de las pozas azules se asienta en capas. El agua dulce flota sobre el agua salada. El agua dulce es más liviana porque no contiene sal. Las mareas o las olas desplazan el agua de modo que las capas no se mezclan por completo. Eso significa que el oxígeno no llega a la capa inferior. Las plantas y los animales que caían adentro se hundían hasta al fondo. Como no había oxígeno, no se **descomponían** o desintegraban por completo.

La capa superior es agua dulce de lluvia. Tiene una profundidad de 9 metros (30 pies), aproximadamente. Contiene oxígeno del aire que está encima. La luz solar también llega a la parte superior. Pero solo cerca de un cuarto de la luz solar llega a la parte inferior de la capa.

La zona de mezcla es donde el agua dulce y el agua salada se mezclan un poco. Tiene un espesor de unos 18 metros (60 pies). Tiene muy poco oxígeno o luz, por lo tanto, casi ningún ser vivo sobrevive aquí.

Esta capa de agua salada tiene agua salada de antiguas inundaciones del océano. Está a 27 metros (90 pies) de la superficie, aproximadamente. El agua llena dos pasajes laterales largos.

Sawmill Sink era antiguamente un sumidero. Tiene lados empinados que se inclinan hacia adentro. Esta abertura mide solo 15 metros (50 pies) de lado a lado.

Las bacterias crecen donde la capa de agua dulce se encuentra con la capa de la zona de mezcla. Hacen que el agua sea anaranjada. También emiten un gas venenoso. Los buzos nadan rápidamente a través de esta capa porque el veneno se absorbe en su piel y les da picazón y mareos.

Las estalactitas y las estalagmitas se formaron en estos pasajes antes de que el agua del océano los inundara hace muchísimo tiempo.

Hallazgos

Con el tiempo, los huracanes en las Bahamas han hecho desaparecer las claves sobre la vida en el pasado remoto. Entonces, ¿cómo hacen los científicos para saber sobre el pasado? ¡Se sumergen en las pozas azules! Encuentran huesos de cocodrilos y tortugas que ya no viven allí. Los científicos también encuentran fósiles de plantas que los hacen creer que las islas solían ser pastizales. En esa época crecían pocos árboles allí debido a los incendios forestales.

Los científicos usan las claves de las pozas azules para descubrir si es posible la vida en lugares como una de las lunas de Júpiter. Las bacterias

"No se puede enterrar nada. Si algo se va a preservar en las Bahamas, se lo va a encontrar en el medio ambiente subacuático".

STEPHANIE SCHWABE, BUZO E INVESTIGADORA DE LAS POZAS AZULES

crecen en las pozas azules, por lo tanto, quizá los seres vivos se pueden desarrollar en otros lugares sin luz y poco oxígeno.

Algunos buzos de las pozas azules buscan respuestas, otros buscan aventuras. De cualquier modo, las pozas azules de las Bahamas son un gran lugar para encontrar lo que buscan.

Cráneo de cocodrilo cubano, Sawmill Sink, isla Ábaco, Bahamas

Compruébalo ¿Cuáles son las características de las pozas azules que hacen que sean cuevas de solución?

Cuevas conectadas

por Judy Elgin Jensen

Por casi 50 años, los buzos intentaron resolver un difícil rompecabezas en el norte de la Florida. Querían encontrar una conexión subterránea entre dos sistemas de cuevas. Hace mucho, se formaron sistemas de túneles de cuevas más de 100 metros (300 pies) bajo la piedra caliza. En la actualidad, las cuevas están bajo el agua. Los buzos podían entrar a los dos sistemas, pero no podían encontrar el túnel que los conectaba.

En 2007, los buzos Jarrod Jablonski y Casey McKinlay se concentraron en dos puntos de partida: Turner Sink y Wakulla Spring. Primero entraron a Turner. Encontraron que no tenía salida. Luego entraron en Wakulla y encontraron que tampoco tenía salida. Cuando investigaban, dejaron un sendero de cuerda y amarraron marcadores a las paredes. Los marcadores les indicarían si ya habían estado allí, y la cuerda les indicaría la salida. Luego, siguieron un sendero diferente desde Turner y encontraron uno de sus marcadores. ¡Era uno de los que habían dejado un mes antes en su última inmersión en Wakulla! FINALMENTE, el rompecabezas estaba resuelto. ¿Y ahora qué?

Los exploradores de cuevas profundas y largas necesitan muchos tanques de oxígeno. También necesitan propulsores acuáticos. Los propulsores funcionan a batería e impulsan a los buzos en el agua.

ALABAMA
GEORGIA
Río Ochlockonee
★ Tallahassee
FLORIDA
Río Apalachicola
Sistema de cuevas Wakulla Springs -Leon Sinks
Orlando
OCÉANO ATLÁNTICO
Golfo de México
Lago Okechobee
Miami
N
O E
S
0   100   200 Millas
0   100   200 Kilómetros

El aire atrapado en el hábitat empuja el agua hacia afuera.

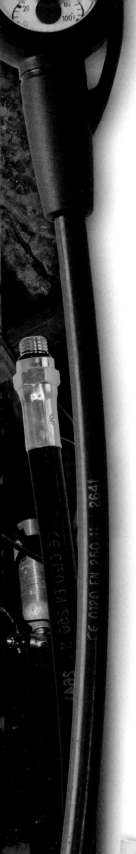

Jablonski y McKinlay planeaban hacer una inmersión en "un solo sentido". Entrarían por Turner Sink y saldrían por Wakulla Spring. La inmersión probaría que los sistemas de cuevas estaban conectados. También convertiría a Wakulla Springs-Leon Sinks en el cuarto sistema de cuevas subacuáticas más largo del mundo.

La inmersión fue larga, profunda y peligrosa. ¿Cómo manejaron los peligros? Unos buzos de apoyo colocaron suministros adicionales y estaciones de descanso en ambos extremos del túnel de conexión. Jablonski y McKinlay cargaron tanques de oxígeno y propulsores acuáticos. Amarraron luces, una máscara de respaldo, un cuchillo, un bolígrafo especial y papel para escribir bajo el agua, y otros equipos. Finalmente, comenzó su inmersión de 19 horas.

Los trajes de buzo los mantuvieron abrigados al mantener seca la capa junto a la piel. ¿Y qué hay de las paradas en el baño? ¡Pañales!

Jablonski y McKinlay nadaron casi 11 kilómetros (unas 7 millas) en unas siete horas. Luego llegaron a la primera estación de descanso o "hábitat". Parecía un tazón boca abajo. Dentro del hábitat hay una gran burbuja de aire. Podían emerger dentro de la burbuja de aire de modo que su cabeza estuviera sobre el agua. Luego podían descansar y comer. Ya casi estaban en casa, pero les tomaría otras 12 horas viajar los últimos 100 metros (110 yardas), aproximadamente. ¿Por qué tanto?

Los buzos se comunican bajo el agua con "notas húmedas". También anotan sucesos.

Los buzos tienen que pasar casi el doble de tiempo para salir del agua de lo que pasan explorando bajo el agua. ¿Por qué? Porque el cuerpo humano no puede aprovechar algunos de los gases de los tanques de oxígeno para aguas profundas. La presión del agua profunda hace que los gases que no se pueden usar se **compriman** o se achiquen en el cuerpo. Este es un problema para los buzos que emergen. Se pueden formar burbujas en el cuerpo cuando los gases **se descompriman** o expanden. Para descomprimirlos de manera segura, Jablonski y McKinlay debieron nadar lentamente. Tuvieron que detenerse cada pocos metros. A unos 12 metros (40 pies) bajo la superficie entraron a una enorme burbuja de aire dentro de otro hábitat. Estaban completamente fuera del agua. Descansaron unas cuantas horas.

Los buzos de apoyo en el lado de Wakulla descendieron a nado para revisarlos. Después de encontrarlos en el primer hábitat pequeño, los buzos de apoyo regresaron a la superficie. Cuando todos oyeron que Jablonski y McKinlay estaban a salvo, vitorearon. Ahora los buzos de apoyo en el lado de Turner Sink podían retirar los equipos adicionales de ese extremo. Habían estado allí "por si acaso". Ahora también se podían unir a la celebración.

Para Jablonski y McKinlay, el peligro solo es parte del trabajo. Su viaje de 11 kilómetros (7 millas) probó que los dos sistemas de cuevas están conectados. En conjunto, miden 46 kilómetros (28 millas) de largo. Los buzos nadaron en Turner Sink, salieron por Wakulla Spring y terminaron en los libros de récords.

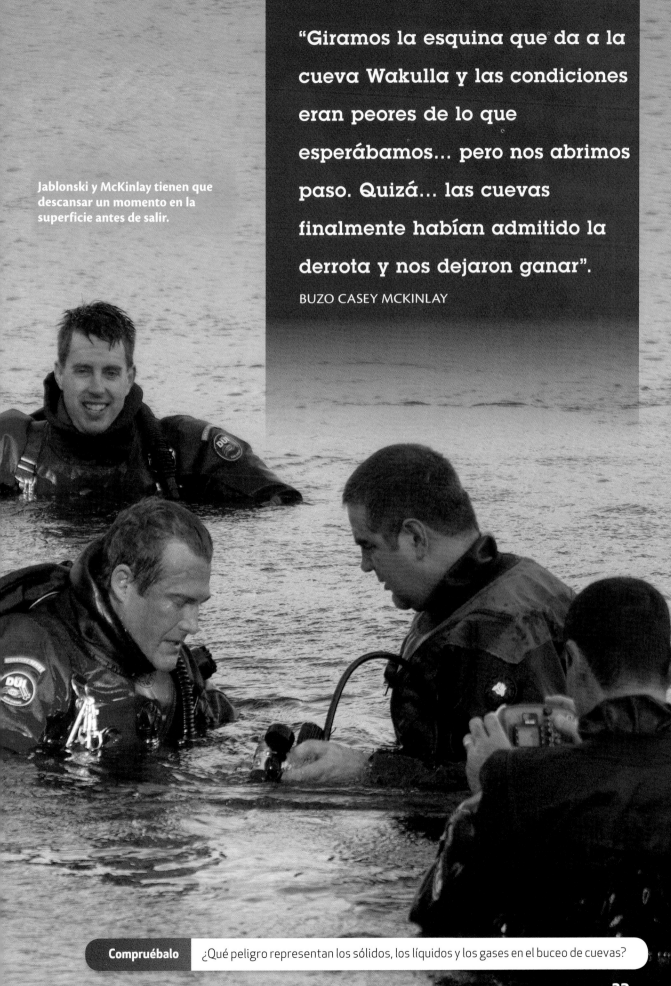

"Giramos la esquina que da a la cueva Wakulla y las condiciones eran peores de lo que esperábamos... pero nos abrimos paso. Quizá... las cuevas finalmente habían admitido la derrota y nos dejaron ganar".

BUZO CASEY MCKINLAY

Jablonski y McKinlay tienen que descansar un momento en la superficie antes de salir.

Compruébalo   ¿Qué peligro representan los sólidos, los líquidos y los gases en el buceo de cuevas?

Comenta

1. ¿Cómo te ayudó la información de "El mundo de las cuevas" a comprender las otras dos lecturas del libro?

2. Describe dos procesos de causa y efecto, y el resultado en "Las pozas azules de las Bahamas".

3. Usa una cueva de solución como ejemplo para clasificar sólidos, líquidos y gases.

4. Usa información de "Cuevas conectadas" para comparar y contrastar cómo actúan los gases cuando la presión cambia.

5. ¿Qué preguntas sigues teniendo sobre cómo se exploran las cuevas? ¿Cuáles serían algunas buenas maneras de encontrar más información?